ASSO[CIATION]
POUR LA PROTECTION [...] [TRAVAILL]EURS
(SECTI[ON...])

LE CONGRÈS INTERNATIONAL
DE POLITIQUE SOCIALE

Rapport de M. A. BOISSARD

FÉLIX ALCAN
MARCEL RIVIÈRE
ÉDITEURS

NOUVELLE SÉRIE: N° 27

PRIX: 1 FR. 50

COMITÉ DIRECTEUR DE L'ASSOCIATION

M. **A. MILLERAND**, ancien Président de la République, ancien président de l'Association, **président d'honneur**.

MM. Arthur **FONTAINE**, président du Conseil d'administration du Bureau international du Travail, **président**.

Ed. **BRIAT**, secrétaire général de la Chambre consultative des associations ouvrières de production, **vice-président**.

R. **LEGOUEZ**, vice-président de la Fédération des industriels et des commerçants français, **vice-président**.

Étienne **MARTIN SAINT-LÉON**, conservateur de la Bibliothèque du *Musée social*, **vice-président**.

Jean **LEROLLE**, avocat à la Cour d'appel, professeur de législation ouvrière à l'École Supérieure des sciences économiques et commerciales, **secrétaire général**.

Maurice **BOUTELOUP**, trésorier.

Louis **BARTHOU**, député.

Adéodat **BOISSARD**, ancien député.

J. **BORDEREL**.

BOREL.

Henri **CAPITANT**, professeur à la Faculté de droit de Paris.

François **FAGNOT**, chef des enquêtes à l'Office du Travail.

Justin **GODART**, député.

Georges **GOYAU**, de l'Académie Française.

Arthur **GROUSSIER**, ancien député.

Abbé **LEMIRE**, député.

André **LICHTENBERGER**, directeur du *Musée social*.

G. **PERREAU**, ancien député, professeur à la Faculté de droit de l'Université de Paris.

Eugène **PETIT**, docteur en droit.

Paul **PIC**, professeur à la Faculté de droit de l'Université de Lyon.

Paul **STRAUS**, sénateur, membre de l'Académie de Médecine.

Albert **THOMAS**, directeur du Bureau international du travail.

Jules **ZIRNHELD**, président de la Confédération française des Travailleurs chrétiens.

SIÈGE SOCIAL **5, rue Las-Cases, PARIS, VIIe**

ASSOCIATION
POUR LA PROTECTION LÉGALE DES TRAVAILLEURS
(SECTION FRANÇAISE)

LE CONGRÈS INTERNATIONAL DE POLITIQUE SOCIALE

Rapport de M. A. BOISSARD

PARIS

LIBRAIRIE FÉLIX ALCAN	MARCEL RIVIÈRE et Cᵉ
MAISONS FÉLIX ALCAN & GUILLAUMIN réunies	LIBRAIRIE des SCIENCES POLITIQUES et SOCIALES
BOULEVARD SAINT-GERMAIN, 108	RUE JACOB, 31

1925

LE CONGRÈS INTERNATIONAL
DE POLITIQUE SOCIALE

Rapport de M. A. BOISSARD

Séance du 18 décembre 1924

Présidence de M. Arthur FONTAINE, *Président*

M. LE PRÉSIDENT. — Mesdames, Messieurs, je demande la permission de saluer deux personnes dont l'une est présente et l'autre est absente. La personne présente est M. Millerand, président d'honneur de cette Association, et celle encore absente est M. Justin Godart, ministre du Travail, qui a promis d'être là à 6 heures, mais nous ne retarderons pas l'ouverture de la séance davantage.

Nous sommes très heureux que les plus illustres membres de notre Association ne l'oublient pas, et c'est pour nous un grand honneur qu'ils veuillent bien, par leur présence, rehausser nos débats et nous donner leur appui. Nous les saluons respectueusement et les prions de bien vouloir nous honorer quelquefois de leur présence.

M. BOISSARD. — A deux reprises différentes, dans cette même salle et sous les auspices de notre section française de l'Association internationale pour la Protection légale des Travailleurs, notre collègue et ami, Albert Thomas, l'éminent directeur du Bureau international du Travail, est venu parler : d'abord, du projet, — vague encore à ce moment-là et à peine ébauché ; — puis, de la raison d'être et du programme précis d'un grand Congrès International de Politique Sociale qui reprendrait la tradition et la suite du Congrès de Zurich, en 1897.

Albert Thomas avait, certes, beaucoup de titres pour venir ici plaider cette cause, puisqu'aussi bien, avec Sig, le regretté président général de notre Association, il avait eu l'idée première de cette grande manifestation sociale.

Je me souviens encore de cette réunion intime d'octobre 1922, où nous nous retrouvions une vingtaine autour de Thomas et où ce projet, qui devait être soumis le lendemain à l'Assemblée générale de notre Association pour la Protection légale, avait été mis en discussion entre nous.

Il y avait là des hommes de tous pays et de toutes nuances, depuis Mgr Nolens, l'avisé prélat, membre de la Chambre Haute de Hollande, jusqu'au professeur Heide, de Kiel. Les Français représentaient des milieux extrêmement divers. J'en revois d'ailleurs plusieurs, et non des moindres, devant moi, ici, ce soir.

Tous, unanimement, nous fûmes d'avis qu'il fallait nécessairement, absolument, tenter quelque chose. Et cependant, l'entreprise n'apparaissait pas facile et les temps ne semblaient pas particulièrement favorables. Pendant les deux années qui suivirent, une Commission internationale, communément appelée Commission des Huit, parce qu'elle comprenait au début un représentant de chacune des huit nations les plus importantes au point de vue économique et social, a travaillé silencieusement, mais efficacement. Elle s'est réunie successivement à Paris d'abord, puis à Bregenz, à Bâle, à Milan, à Genève et, enfin, en dernier lieu, à Prague, à la veille même du Congrès.

Plusieurs fois cette Commission a dû reculer la date de convocation du Congrès pour attendre une atmosphère internationale un peu moins chargée d'électricité. Elle a reçu et accueilli avec joie et reconnaissance l'offre d'hospitalité faite avec une si aimable insistance par le Gouvernement tchéco-slovaque ; et, les jours étant révolus, la grande Assemblée internationale a pu s'ouvrir à Prague le 2 octobre dernier.

Le Congrès de Prague a eu un succès qui a dépassé de beaucoup les espoirs les plus optimistes. L'accueil que nous avons reçu, dans ce cadre incomparable de Prague, du Gouvernement tchéco slovaque, de la Municipalité et, on peut le dire, de la population tchèque tout entière, cet accueil a été vraiment inoubliable, et je suis heureux de renouveler ici les remerciements et l'expression de la gratitude de tous les congressistes, vis-à-vis de cette jeune république tchéco-slovaque, à la fois riche de si belles traditions historiques et si éprise de progrès matériel et moral, politique et social. *(Applaudissements.)*

Les moindres détails d'organisation avaient été prévus par le Comité local, avec un raffinement, je dirais volontiers, avec une coquetterie de perfection dont le film très amusant qui passera sous vos yeux tout à l'heure vous donnera une petite idée, et je ne dépasserai en rien la vérité, si j'ajoute que les congressistes français ont eu l'impression qu'ils étaient l'objet de prévenances particulièrement délicates.

Ce n'est pas sans émotion que je me rappelle cette matinée du 6 octobre, où, le Congrès terminé, M. le ministre Justin Godart, accompagné de son collègue le Ministre du Travail tchéco slovaque et entouré des congressistes français et de la colonie française de Prague, déposait deux gerbes de fleurs cravatées du ruban tricolore devant la plaque commémorative qui ferme le tabernacle où ont été encloses, à côté l'une de l'autre, deux mottes de terre : une motte de terre du champ de bataille où périrent, pour la conquête de leur indépendance nationale, le plus de volontaires de l'héroïque Légion tchèque, et une motte de terre de Verdun, rempart de la liberté du monde. *(Applaudissements.)*

Plus de 1.300 congressistes appartenant à 28 nationalités différentes, 14 gouvernements effectivement représentés, 4 ministres du Travail en exercice personnellement présents, en tête desquels les Français étaient heureux de voir le leur ; une quantité d'anciens ministres, comme, par exemple, l'ex-chancelier d'Autriche Renner, et aussi de ministres du lendemain, comme notre ami Sokal, qui représentait à Prague le gouvernement polonais dont il fait partie depuis quelques jours, en qualité de ministre du Travail. Voilà, certes, pour une initiative d'ordre privé, une assez belle consécration officielle !

Les délégués appartenaient d'ailleurs à l'élite de

toutes les catégories sociales et constituaient un Parlement social international sans lacune : hommes politiques, professeurs, juristes, économistes, prélats, industriels, agriculteurs, coopérateurs, représentants enfin les plus qualifiés des deux grandes internationales ouvrières : l'Internationale d'Amsterdam (socialiste) et celle d'Utrecht (chrétienne-sociale). Tous ces hommes, vous le voyez, formaient une assemblée dont, en somme, on pourrait difficilement contester la compétence et la variété.

Dans une réunion récente du Comité national d'études, un des membres les plus considérables du Haut Patronal français exprimait, l'autre jour, la crainte que les milieux industriels n'eussent pas été suffisamment informés du Congrès de Prague et qu'ils n'aient pu prendre une participation suffisamment importante à ce Congrès. J'ai pu rassurer, au moins partiellement, M. Praslon à cet égard et lui indiquer que de grands syndicats patronaux français nous avaient envoyé leur adhésion, dans le but surtout évidemment de recevoir le compte rendu de nos discussions ; mais que — aussi — de grands industriels anglais, suisses, tchécoslovaques avaient pris une part effective à nos séances : notamment M. Tobler, le grand chocolatier suisse, et le major Hill, lequel est à la tête d'importantes entreprises anglaises, et qui tous deux ont eu des interventions remarquées. Le major Hill avait, en particulier, été chargé d'un des rapports internationaux. J'ai pu noter, de plus, avec une très vive satisfaction que, très spécialement, notre section française de la Protection légale des Travailleurs avait tenu à apporter comme contribution personnelle, parmi ses rapports nationaux imprimés qui ont été distribués à tous les congressistes, deux communications remarquables émanant d'autorités patronales les plus qualifiées : l'une d'un de nos collègues, M. Borderel, membre du Conseil supérieur du Travail, président de la Fédération parisienne des Syndicats patronaux du Bâtiment, sur les « conseils d'entreprise », communication à laquelle nous avons conservé intacte et scrupuleusement sa note nettement hostile à l'institution étudiée ; et l'autre, sur « les conséquences économiques morales et sociales du régime des huit heures », due à M. Philippart, maire de Bordeaux, président du groupement des patrons sociaux, étude dont la haute inspiration et la perfection d'expression ont produit sur tous ceux qui l'ont lue le plus grand effet.

Je suis heureux d'exprimer aujourd'hui, en présence de son auteur, toute la reconnaissance que nous devons à cette collaboration si particulièrement utile. Et ceci m'amène à vous exposer, en deux mots, la méthode de travail du Congrès. Il était difficile, je crois, de réaliser quelque chose de mieux ordonné et qui laissât moins de part au hasard et à l'improvisation.

La Commission de préparation du Congrès avait inscrit trois questions à son ordre du jour : en premier lieu, « le régime des huit heures et ses conséquences économiques, morales et sociales ». Puis « la responsabilité et le rôle des travailleurs dans la conduite technique, économique, sociale des entreprises ». Enfin, « la prévention du chômage ».

Les sections nationales des deux Associations convocatrices : Association pour la Protection légale des Travailleurs et Association pour la Lutte contre le Chômage, avaient été invitées à étudier à l'avance ces trois questions et à fournir, autant que possible, sur elles, des rapports nationaux. En outre de ces rapports nationaux, des rapports internationaux avaient été confiés à des personnalités particulièrement qualifiées, et imprimés dans les quatre langues du Congrès : Français, Anglais, Allemand et Tchèque, de façon à pouvoir être distribués à tous les congressistes, dès leur arrivée. La Commission de préparation du Congrès avait elle-même, sur chaque question, rédigé des projets de résolutions, projets imprimés dans les quatre langues et dont le but était, non pas de supprimer la discussion et d'en préjuger à l'avance les conclusions, mais de fournir, du moins, à cette discussion, des bases précises. Lorsque les rapporteurs internationaux avaient introduit la question à l'ordre du jour par un court résumé oral de leurs rapports imprimés, des orateurs venaient à la tribune, le plus souvent mandatés par leur délégation nationale et, par conséquent, apportant une opinion collective ; et, en son nom, ils formulaient un jugement hostile ou favorable aux résolutions proposées, demandaient leur adoption ou leur rejet, ou défendaient des amendements à faire subir à ces propositions.

La discussion une fois close, après avoir eu toute l'ampleur voulue, une Commission de rédaction, composée du Secrétariat général auquel s'adjoignaient de droit les auteurs de tous les amendements, travaillait très avant dans la nuit et s'efforçait de trouver les formules définitives et de transaction susceptibles de réunir l'unanimité d'assentiment du Congrès. Ces formules étaient, une fois de plus, imprimées dans les quatre langues et distribuées aux congressistes, de telle sorte que ceux-ci étaient appelés à voter en définitive sur des textes précis et qu'ils avaient sous les yeux.

En somme, comme l'a très judicieusement noté mon ami Chabrun, dans un de ces comptes rendus très pénétrants du Congrès qu'il a donnés à *L'Homme Libre*, les débats risquaient d'avoir un seul défaut, celui d'être trop parfaitement réglés et, par conséquent, trop calmes, trop monotones. Par bonheur, les passions qui, fatalement, bouillonnaient sous la surface, en apparence seulement, sans rides de cette assemblée composée d'éléments ethniquement et doctrinalement si divers, ces passions devaient trouver rapidement le moyen de se manifester et de donner au Congrès vie et animation. Et il ne fallut rien moins, à certains moments, que la maîtrise faite de fermeté et d'à-propos d'Albert Thomas, que le Congrès avait unanimement, à ses débuts, acclamé comme président, pour obtenir que toute cette effervescence finît par se muer en une force ordonnée.

Quels ont été les résultats pratiques du Congrès de Prague ?

Dans quelques comptes rendus de presse et dans quelques réunions qui ont précédé celle-ci, certains ont soutenu que ces résultats paraissaient en somme bien minces ; que les résolutions étaient, en général, vagues et anodines, et qu'en somme *on n'avait rien cassé !*

Eh bien ! Mesdames et Messieurs, ceci, me semble-t-il, ne serait déjà pas si mal, comme résultat d'une grande Assemblée de composition si hétérogène et où se heurtaient des conceptions divergentes et des intérêts parfois opposés.

Mais nos résolutions ne sont pas si anodines qu'on a bien voulu le dire ; si elles l'étaient tant que cela, il est vraisemblable qu'on aurait estimé superflu de les discréditer.

Je n'ai pas l'intention de reprendre ici et de commenter, une à une, devant vous, toutes les résolutions du Congrès. Les personnes que cela intéresse plus spécialement en trouveront le texte dans les revues techniques qui les ont reproduites et discutées. Je veux souligner les quelques points suivants :

A propos du régime des huit heures, le Congrès a affirmé avec force la nécessité de ratifications immédiates et sans réserve de la Convention de Washington par tous les Etats, membres de l'Organisation internationale du Travail. Il a motivé cette affirmation par les avantages hygiéniques, moraux et sociaux de cette grande loi internationale qui doit être considérée aujourd'hui comme une conquête heureuse et définitive en faveur des travailleurs.

En votant cette résolution si nette et si précise, le Congrès ne faisait que reprendre les conclusions du rapport de M. Philippart. Ce vote a, d'ailleurs, été acquis à l'unanimité, sans aucune réserve, sauf celle de M. le professeur Brentano, qui a fait quelque bruit.

En ce qui concerne les Conseils d'entreprises, le Congrès a beaucoup moins envisagé ce problème très délicat et complexe, il faut le reconnaître, sous l'angle d'une généralisation immédiate de ces Conseils, selon une formule théorique et rigide, que sous la forme évolutive, infiniment diverse et graduée sous laquelle cette institution est, — remarquez-le bien, car cela a beaucoup d'importance, — dès actuellement réalisée dans quatre pays représentés au Congrès : l'Allemagne, l'Autriche, la Norvège, la Tchécoslovaquie ; et partiellement expérimentée, dans la liberté, par plusieurs autres pays, notamment l'Angleterre, avec ses fameux Comités Whitley.

Le Congrès, après cette étude essentiellement réaliste, sur la base uniquement des faits, a déclaré « qu'il importe de reconnaître comme légitime, et de garantir dans l'organisation de la Paix, le droit de représentation de tous les intérêts, et qu'il est désirable que les travailleurs soient appelés à collaborer, tant dans le cadre de leur profession que dans celui de leur pays, à l'organisation méthodique que réclame une production meilleure et accrue. »

Mesdames et Messieurs, ceux qui étudieront dans un esprit non prévenu l'ensemble des vœux votés à Prague sur cette question des Conseils d'entreprises ne pourront manquer de reconnaître la très grande modération de ces vœux et la préoccupation de tenir compte de toutes les circonstances nationales qui a présidé à leur rédaction ; et ils considéreront comme un résultat non médiocre que des conclusions aussi sages aient pu être votées dans une quasi-unanimité, à la fois par des délégués représentant les milieux scientifiques et bourgeois et par les leaders des deux grandes Internationales ouvrières et des Associations coopératives, groupements qui englobent, à l'heure actuelle, les plus grandes forces organisées du monde du travail.

En ce qui concerne le chômage, le Congrès, après de très intéressantes et très vivantes discussions, auxquelles ont pris part des maîtres comme notre ami Max Lazard et le professeur Ritz, le Congrès, dis-je, a mis en lumière, dans ses résolutions, la nécessité primordiale de l'adoption par les gouvernements d'une politique de stabilisation du niveau général des prix.

Enfin et surtout, le Congrès, avant toutes ces résolutions particulières, a adopté à l'unanimité une sorte de déclaration de principes formulant en tout premier lieu le vœu que, « pour la réalisation de réformes nouvelles dans le sens de l'amélioration matérielle et morale des travailleurs, les forces de progrès social soient de plus en plus regroupées et réorganisées. » Par cette déclaration, le Congrès a voulu manifester son sentiment très net, quant à la question de la fusion en une seule Association internationale des multiples associations qui, à l'heure actuelle, existent. Cette unification, les Assemblées générales des deux grandes Associations « pour la Protection légale des Travailleurs » et « pour la Lutte contre le Chômage » qui avaient précédé immédiatement le Congrès, en avaient accepté le principe ; et, dans une réunion commune, elles avaient prorogé les pouvoirs de la Commission de préparation du Congrès de Prague avec ce but très précis de mettre immédiatement sur pied un projet détaillé concernant la fusion des Associations internationales et les conditions pratiques de cette fusion.

Messieurs, cette Commission s'est mise à l'œuvre sans tarder. Elle vient d'avoir une première réunion, ces jours derniers, à Bâle, et je puis vous dire que l'établissement des bases statutaires et financières de l'Association fusionnée est, à l'heure actuelle, en excellente voie.

Je crois donc, par conséquent, pouvoir conclure ces quelques notes concernant le Congrès de Prague par cette impression que ce Congrès n'aura pas été totalement inutile. J'estime, quant à moi, que nous avons fait là-bas de bonne besogne nationale, internationale et sociale.

Bonne besogne nationale, d'abord, parce que la France y est apparue avec sa vraie figure, généreuse, toujours unie, oui, unie malgré tout et malgré les divisions et les divergences qui, trop souvent et quelquefois d'une manière assez vives se manifestent entre Français, mais unie, en somme, beaucoup plus encore que n'importe quelle autre nation. (*Applaudissements*).

Le rôle qu'ont tenu à Prague nos compatriotes, le très beau discours d'ouverture d'Albert Thomas, l'autorité de sa présidence, les paroles très élevées par lesquelles M. le ministre Godart a donné sa véritable conclusion au Congrès, l'entente tout à fait cordiale qui n'a cessé de régner entre tous les délégués français ont fait là-bas une très salutaire impression pour le bon renom de notre grand et cher pays.

Bonne besogne internationale aussi, parce qu'il est toujours utile de se rencontrer entre nationaux de pays différents et parfois antagonistes, sur un terrain de justice et de collaborer cordialement pour des buts précis de haute valeur morale.

Et enfin, Mesdames et Messieurs, bonne besogne sociale, parce que le Congrès de Prague sera certainement le point de départ d'un nouvel élan réformateur, avec des forces regroupées et unifiées, et parce qu'aussi, ainsi que des hommes d'Etat appartenant aux nuances politiques les plus diverses avaient l'occasion de le déclarer, ces jours derniers, il n'est pas de préventif meilleur contre les convulsions sociales menaçantes que la poursuite d'améliorations sages, sans doute, raisonnables, certainement, mais aussi généreuses et suffisamment hardies de la situation matérielle et morale de ceux qui vivent et font vivre leurs familles par leur travail. *(Applaudissements.)*

M. Fontaine. — Si notre ami et collègue Boissard a rendu compte, avec sa parole généreuse et claire, en termes si émouvants, du Congrès de Prague, il n'a pas dit qu'il en avait été le grand organisateur, du moins il ne l'a pas dit suffisamment. Depuis le jour où ce Congrès a été résolu, jusqu'au moment où s'est affirmé son succès, c'est l'action constante de notre ami Boissard, son dévouement, son esprit d'organisation qui ont assuré la marche des travaux, ont présidé à toutes les élaborations, toutes les distributions de rapports, de documents. C'est à lui, à nos amis tchèques, à notre ami Albert Thomas qui avait, lui aussi, dans une très large mesure, prêté son assistance à la préparation du Congrès de Prague, c'est à eux tous, MM. Boissard, Albert Thomas, Stern, que nous avons dû de voir, le jour de l'ouverture de l'Assemblée, dans la salle, plus de 1.200 personnes dont 600 délégués.

Certainement, nous avons senti là une espèce de renouveau de ce sentiment social qui nous avait guidés lorsqu'en 1900, M. Cauwès et M. Millerand fondaient l'Association pour la Protection légale des Travailleurs, avec le concours de nos amis Nolens, Raoul Jay et tant d'autres dont les noms sont dans vos mémoires. Et c'est sur ce sentiment social groupant les hommes de tous les partis, de toutes les écoles qui cherchent l'amélioration du sort des travailleurs, que nous comptons aujourd'hui comme alors pour assurer de nouveaux progrès. Nous remercions M. Boissard du compte rendu qu'il vient de faire et de la part qu'il a prise au succès du Congrès de Prague.

PUBLICATIONS DE L'ASSOCIATION NATIONALE FRANÇAISE
pour la protection légale des travailleurs

NOUVELLE SÉRIE

**En vente chez F. ALCAN, éditeur, 108, boulevard Saint-Germain
et Marcel RIVIÈRE, 31, rue Jacob**

I. *La réglementation du travail dans les usines à marche continue.* — Rapport de M. F. Fagnot, 1913. — Brochure, 1 fr. 50.

II. *La saisie-arrêt des salaires et traitements.* — Rapport de M. Ch. Guernier, 1913. — Brochure, 1 fr.

III. *Les accidents du travail survenus aux enfants âgés de moins de treize ans.* — Rapport de M. Henri Capitant, 1913. — Brochure, 1 fr.

IV. *La réglementation légale de la convention collective de travail.* — Rapport de M. Arthur Groussier, 1913. — Brochure, 1 fr. 50.

V. *La réglementation des conditions de sécurité et d'hygiène dans les chantiers de construction.* — Rapport de M. Bernard Décailly. Publication de la Section du Nord, 1913. — Brochure, 1 fr.

VI. *La deuxième Conférence officielle de Berne (Travail de nuit des jeunes ouvriers. — Journée de 10 heures).* — Rapport de M. A. Millerand, 1913. — Brochure, 1 fr.

VII. *Les dérogations au repos collectif du dimanche.* — Rapport de M. Paul Aubriot, 1914. — Brochure, 1 fr.

VIII. *Les veillées dans le commerce.* — Rapport de M. Charles Viennet, 1914. — Brochure, 1 fr.

IX. *La semaine anglaise. — Le Repos de l'après-midi du samedi.* — Rapport de M. Raoul Jay, 1915. — Brochure, 1 fr.

X. *La maternité ouvrière et sa protection légale en France.* — Rapport de M⁰ᵉ Paul Oemähling, 1915. — Brochure, 1 fr.

XI. *Le minimum de salaire dans l'industrie du vêtement. — La loi du 10 juillet 1915,* par M. Raoul Jay, 1915. — Brochure, 0 fr. 50.

XII. *Les actions en justice nées de la loi du 10 juillet 1915 sur le minimum de salaire.* — Rapport de M. Albert Tissier, 1916. — Brochure, 1 fr.

XIII. *L'application de la loi du 10 juillet 1915 sur le minimum de salaire.* — Rapport de M. Albert Tissier, 1917. — Brochure, 1 fr.

XIV. *La semaine anglaise dans l'industrie du vêtement. — La loi du 11 juin 1917,* par M. Raoul Jay, 1918. — Brochure, 0 fr. 50.

XV. *Les clauses du travail dans le traité de paix.* — Rapport de M. Justin Godart, 1919. — Brochure, 1 fr.

XVI. *La réglementation professionnelle du travail et le contrat collectif.* — Rapport de M. Jean Lerolle, 1919. — Brochure, 1 fr.

L'Association nationale française examine et discute dans ses réunions périodiques les questions de législation du travail à l'ordre du jour. Elle publie le compte rendu de ses discussions. Ces publications sont servies aux membres de l'Association.

Sont membres de l'Association les personnes et les sociétés qui considèrent la législation protectrice des travailleurs comme nécessaire et adhèrent aux statuts de l'Association.

La cotisation annuelle est fixée à 15 francs. Elle est réduite à 5 francs pour les personnes ou les sociétés qui ne demandent pas à recevoir les publications de l'Association.

Les membres de l'Association nationale bénéficient d'une réduction de 25 % sur les abonnements aux publications du B. I. T. de Genève.

Les adhésions sont reçues par le secrétaire général de l'Association : M. Jean LEROLLE, 5, rue Las-Cases.

ORLÉANS.—IMP. DU LOIRET.

www.ingramcontent.com/pod-product-compliance
Lightning Source LLC
LaVergne TN
LVHW010213070726
842528LV00014B/1286